D1702104

Ein Pelikan lernt fischen

von Brian Wildsmith im Artemis Verlag

Oliver wohnt in einem Fischer-
dorf ganz nahe am Meer.
Damit er besser sehen kann,
was rundherum alles passiert,
klettert er oft auf seinen
Lieblingsbaum.

Im Paket liegt ein großes, weißes Ei. Olivers Vater hat noch nie ein solches Ei gesehen und weiß keinen anderen Rat, als es der Henne ins Nest zu legen, damit sie es mit ihren eigenen Eiern ausbrüte.

Die weiße Henne ist gar nicht erfreut über dieses Ei. Immerhin, es ist ein Ei, und sie setzt sich wieder zum Brüten in ihr Nest.

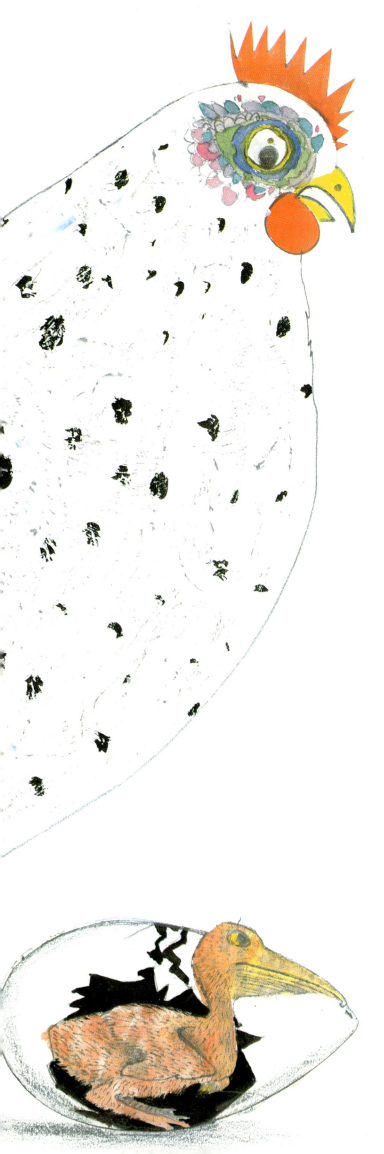

Die Küken sind schon längst ausgeschlüpft, als endlich auch das große Ei zuerst kleine und dann immer größere Risse bekommt und ein kurioser Vogel zum Vorschein kommt. «Was ist denn das für ein Vogel?» fragen alle auf dem Bauernhof, aber keiner weiß Bescheid.

Die Küken lernen schnell, die Körner aufzupicken, wachsen rasch und werden stark. Aber dem kleinen Vogel schmeckt das Futter gar nicht. Dabei hat er einen so großen Schnabel.

Eines Tages bringt der Vater vier große Forellen nach Hause. «Das gibt heute ein besonderes Abendessen. Zuerst muß ich aber noch die Hühner füttern», ruft die Mutter und geht in den Hof.

«Ich glaube, das ist ein Pelikan», sagt die Mutter, «schaut doch seinen Schnabel an.»
«Dann soll er aber seine Fische selber fangen!» brummt der Vater.

Am nächsten Tag geht Oliver zum Einkaufen in den Supermarkt. Er nimmt den Pelikan mit. Das hätte er nicht tun sollen.

«Wir bringen den Vogel morgen
in den Zoo», entscheidet er.

Dort lernst du bestimmt, wie
man Fische fängt.»

Früh am Morgen werden
sie vom Kapitän geweckt.
«Sind wir schon im Pelikan-
land?» fragt Oliver. «Nein,
wir sind immer noch im
Hafen», antwortet der Kapitän. «Aber was sucht ihr
beiden denn auf meinem
Schiff?» Oliver erzählt ihm
seine Geschichte.

Mutter und Vater sind sehr
froh, Oliver wieder zu Hause
zu haben. «Wenn du deinen
Vogel so lieb hast», sagt der
Vater, «dann darf er auf dem
Bauernhof bleiben. Aber du
mußt ihm das Fischen beibrin-
gen. Und er soll arbeiten wie
wir alle auch und uns helfen.»

Dafür bekommt der Pelikan
hie und da einen Fisch zum Dank.

Der Pelikan breitet seine Flügel
aus, steigt hoch in die Luft,
stürzt hinunter und taucht tief
ins Wasser. Jetzt hat er es ge-
schafft: Zum ersten Mal hat er
einen Fisch gefangen!

Bald kann ihn Oliver im
blauen Sonnenhimmel nicht
mehr sehen.
Oliver wartet lange vergeblich
auf die Rückkehr seines Peli-
kans. Dann geht er langsam
heim.
«Du mußt nicht traurig sein»,
sagt Olivers Vater, «der Pelikan
wird jetzt mit anderen Peli-
kanen zusammenleben. Nur
so kann er glücklich sein.»

Und dort hat er seine
Heimat gefunden.